Impressum
Verlag: BABADADA GmbH, Nedderfeld 112 , 22529 Hamburg
Geschäftsführer / Verlagsleitung: Harald Hof
Druck: Books on Demand GmbH, In de Tarpen 42, 22848 Norderstedt

Imprint
Publisher: BABADADA GmbH, Nedderfeld 112 , 22529 Hamburg, Germany
Managing Director / Publishing direction: Harald Hof
Print: Books on Demand GmbH, In de Tarpen 42, 22848 Norderstedt

AF219211

1

school
ښوونځی

klaslokaal
delen
تقسیم
186/2
bord
speelplaats
leerkracht
ښوونکی
papier
ورق
schrijven
لیکل
pen
قلم
bureau
ډیسک
liniaal
خط کش
boek
کتاب
leerling
زده کونکی

schooltas
....
کڅوړه

pennenzak
....
د پنسل بکسه

potlood
....
پنسل

puntenslijper
....
پنسل تراش

gom
....
ربړ

tekenblok
....
د رسامی پاڼه

tekening

....

رسامي

verfborstel

....

د نقاشی برس

verfdoos

....

د نقاشی بکس

schaar

....

قیچي

lijm

....

سریښ

werkboek

....

د تمرين کتاب

huiswerk

....

کورنی دنده

nummer

....

شمیر

optellen

....

جمع

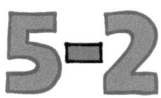

aftrekken

....

منفي

vermenigvuldigen

....

ضرب

rekenen

....

حساب

letter

....

توری

alfabet

....

الفبا

woord

....

کلمه

tekst

متن

Lezen

لوستل

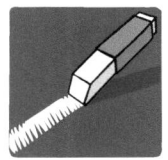

krijt

تباشير

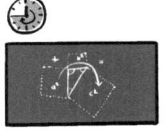

les

درس

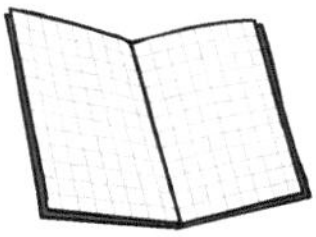

klassenboek

راجستر

examen

ازموينه

certificaat

تصديق پاڼه

schooluniform

د ښوونځي يونيفارم

onderwijs

تعليم

encyclopedie

دايره المعارف

universiteit

پوهنتون

microscoop

مايکروسکوپ

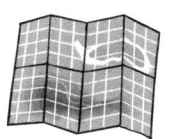

kaart

نقشه

papiermand

اشغالدانی

hotel
jeugdherberg
ليليه
wisselkantoor
د اسعارو د تبادلي دفتر
koffer
بکس
auto
موټر

Taal

ژبه

ja / nee

هو/نه

oké

سمه ده

hallo

سلام

vertaler

ژباړونکی

bedankt

مننه

Hoeveel kost ...?

....

ځومره دي...؟

Ik begrijp het niet

....

زه نه پوهیږم

probleem

....

ستونزه

Goedenavond!

....

ماښام مو پخیر!

Goedemorgen!

....

سهار په خیر!

Goedenavond!

....

شپه په خیر!

Tot ziens

....

په مخه مو ښه

richting

....

لارښود

bagage

....

سامان

zak

....

بیک

rugzak

....

شاتنی بکس

gast

....

میلمه

kamer

....

خونه

slaapzak

....

د خوب کڅوړه

tent

....

خیمه

6

reis - سفر

toeristeninformatie
....
د توریزم معلومات

strand
....
ساحل

kredietkaart
....
کریډیټ کارت

ontbijt
....
ناری

lunch
....
د غرمې خواړه

avondeten
....
د شپې خواړه

ticket
....
ټیکټ

lift
....
لفټ

postzegel
....
مهر

grens
....
پوله

douane
....
ګمرک

ambassade
....
سفارت

visum
....
ویزه

paspoort
....
پاسپورټ

transport

ټرانسپورټ

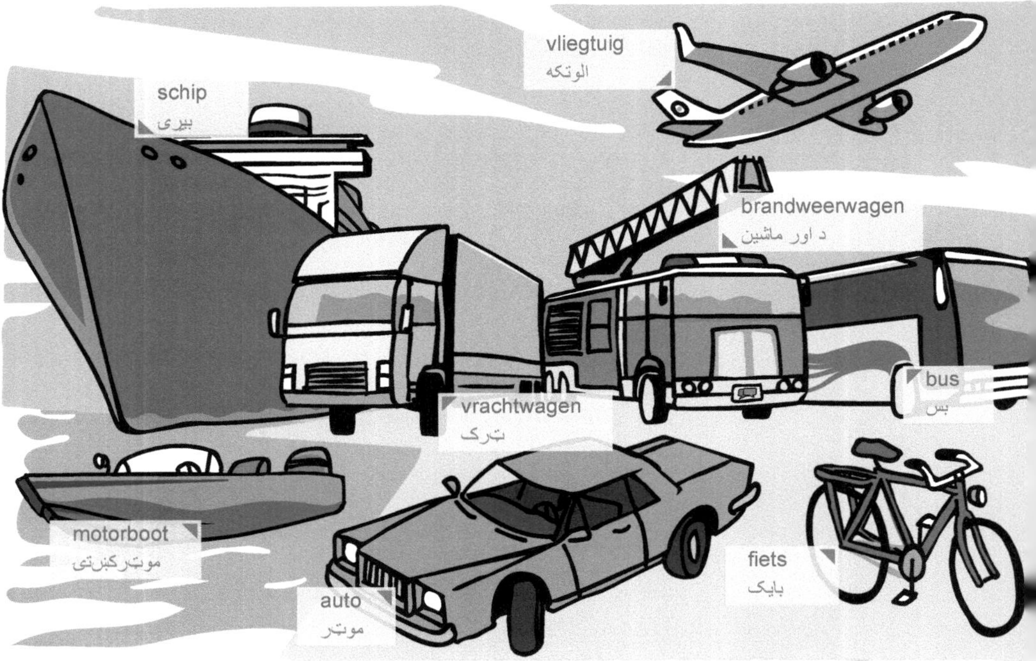
vliegtuig
الوتکه
schip
بیړی
brandweerwagen
د اور ماشین
bus
بس
vrachtwagen
ټرک
motorboot
موټرکښتی
fiets
بایک
auto
موټر

veerboot

....

کښتی

boot

....

کښتی

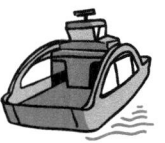

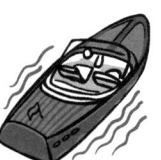

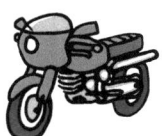

motor

....

موټرسایکل

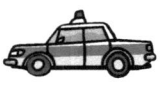

politiewagen

....

د پولیسو موټر

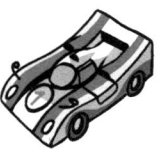

racewagen

....

د ریس موټر

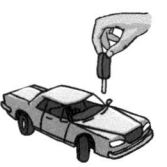

huurauto

....

کرایی موټر

carpoolen

د کرایه موټرې

sleepwagen

جرثقیل لرونکی ټرک

vuilniswagen

ریفیوز ټرک

motor

موټر

benzine

سونګ توکي

benzinestation

پټرول سټیشن

verkeersbord

ترافیکي نښه

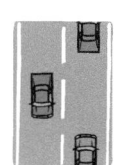

verkeer

ترافیک

file

جام ترافیک

parkeerplaats

د موټرو تمځای

station

د ریل سټیشن

sporen

پاټکي

trein

ریل

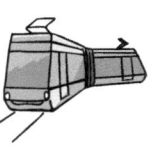

tram

ټرام

wagon

واګون

helikopter
....
چورلکه

luchthaven
....
هوايي ډګر

toren
....
برج

passagier
....
مسافر

container
....
کانټينر

karton
....
کارتون

kar
....
کارټ

mand
....
ټوکری

opstijgen / landen
....
الوتنه کول/کښېناستل

stad
ښار

dorp
....
کلی

stadscentrum
....
د ښار مرکز

huis
....
کور

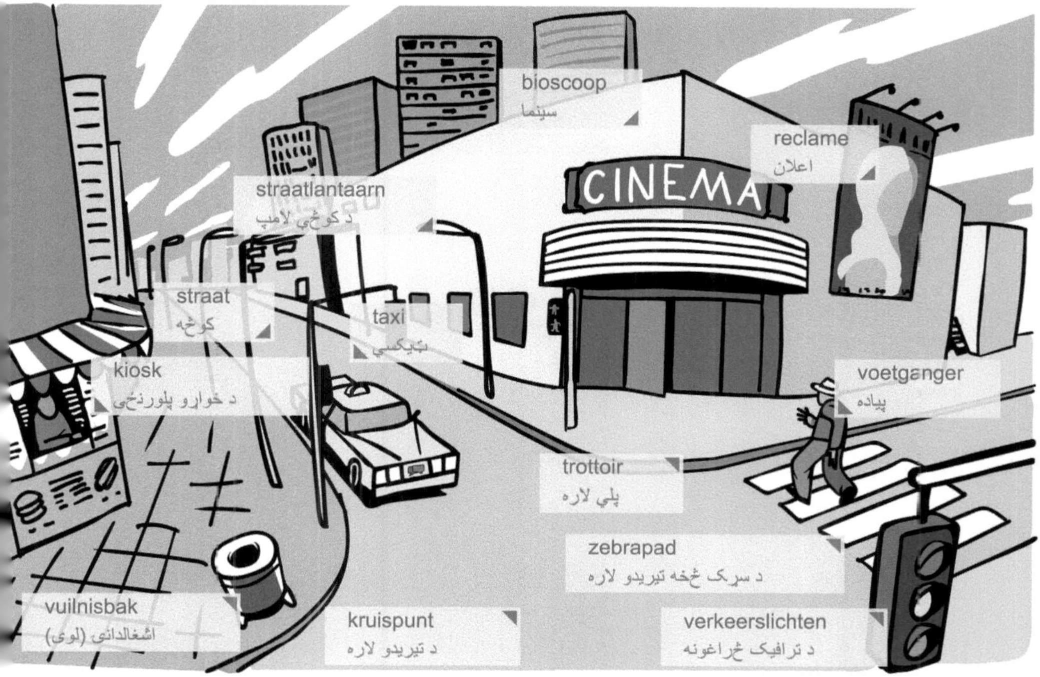

bioscoop
سينما

reclame
اعلان

straatlantaarn
د كوڅې لامپ

CINEMA

straat
كوڅه

taxi
ټيکسي

voetganger
پياده

kiosk
د خوارو پلورنځي

trottoir
پلي لاره

zebrapad
د سړک څخه تيريدو لاره

vuilnisbak
اشغالداني (لوی)

kruispunt
د تيريدو لاره

verkeerslichten
د ترافيک څراغونه

hut
كوډله

woning
اپارتمان

station
د ريل ستيشن

stadshuis
ټاون هال

museum
ميوزيم

school
ښوونځی

universiteit

پوهنتون

bank

بانک

ziekenhuis

روغتون

hotel

هوټل

apotheek

درملتون

kantoor

دفتر

boekwinkel

کتاب پلورنځی

winkel

پلورنځی

bloemenwinkel

د ګلانو پلورنځی

supermarkt

لوی پلورنځی

markt

مارکیټ

warenhuis

د ډیپارټمنټ سټور

vishandelaar

کب پلورنځی

winkelcentrum

د پلور مرکز

haven

لنګرتون

park

پارک

bank

بینچ

brug

پل

trap

زینه

metro

د ځمکي لاندي

tunnel

تونل

bushalte

بس تمځای

bar

بار

restaurant

ریسټورانټ

brievenbus

پوست بکس

straatnaambord

د کوڅي نښه

parkeermeter

د پارک کولو میټر

zoo

ژوبڼ

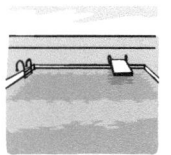

zwembad

د لامبو حوض

moskee

مسجد

boerderij

کرونده

milieuverontreiniging

ناپاکي

kerkhof

هدیره

kerk

چرچ

speelplaats

د لوبو ډګر

tempel

معبد/کلیسا

landschap

منظره

blad
پاڼه
wegwijzer
د لارښوونې نښه
weg
لاره
weide
چمن
steen
کاڼی
boom
ونه
wandelaar
هیکر
rivier
سیند
gras
واښه
bloem
ګل

vallei

دره

heuvel

غونډۍ

meer

ناور

bos

ځنګل

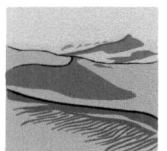

woestijn

دښته

vulkaan

اورشیندی

kasteel

کلا

regenboog

رنګين کمان

paddenstoel

مرخيړي

palmboom

پلم ونه

mug

ماشي

vlieg

الوتل

mier

میږی

bijl

مچی

spin

غونډل/جولا

kever

....

کونکټ

kikker

....

چونکښه

eekhoorn

....

نولی

egel

....

زیږکی

haas

....

سوی

uil

....

کونک

vogel

....

مرغی

zwaan

....

قازه

wild zwijn

....

نرخوک

hert

....

هوسی

eland

....

کاوزه

dam

....

بند

windturbine

....

بادي توربين

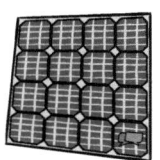

zonnepaneel

....

سولر تختي

klimaat

....

اقليم

restaurant

ریسټورانټ

ober
پیشخدمت
menu
مینو
stoel
soep
سوپ
pizza
پیزا
bestek
ښاخۍ، چاقو، کاشوغه
tafelkleed
د میز ټوټه

voorgerecht

سټارټر

hoofdgerecht

اصلي خواړه

nagerecht

شیرني

drankjes

څښاک

eten

خواړه

fles

بوتل

fastfood

فاسټ فوډ

street food

د کوڅې خواړه

theepot

چای جوش

suikerpot

قندانی

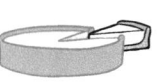

portie

برخه

espressomachine

اسپرسو مشین

kinderstoel

لوړه چوکی

rekening

رسید

dienblad

مجمه

mes

چاکو

vork

پنجه

lepel

قاشق

theelepel

چای قاشق

serviette

سورویټ

glas

ګلاس

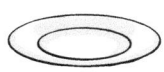

bord

پلیټ

soepbord

د سوپ پلیټ

schoteltje

نالبکی

saus

ساس

zoutvatje

مالګه شیندونکی

pepermolen

د مرچ ټکولو لوخی

azijn

سرکه

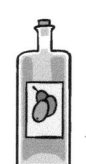

olie

غوړي

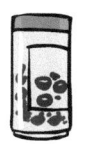

kruiden

مساله

ketchup

کچ اپ

mosterd

شرشم

mayonaise

چکه

supermarkt

لوی پلورنځی

aanbieding
ځانګړی وړاندیز
klant
پیرودونکی
zuivelproducten
لبنیات
fruit
میوه
winkelwagen

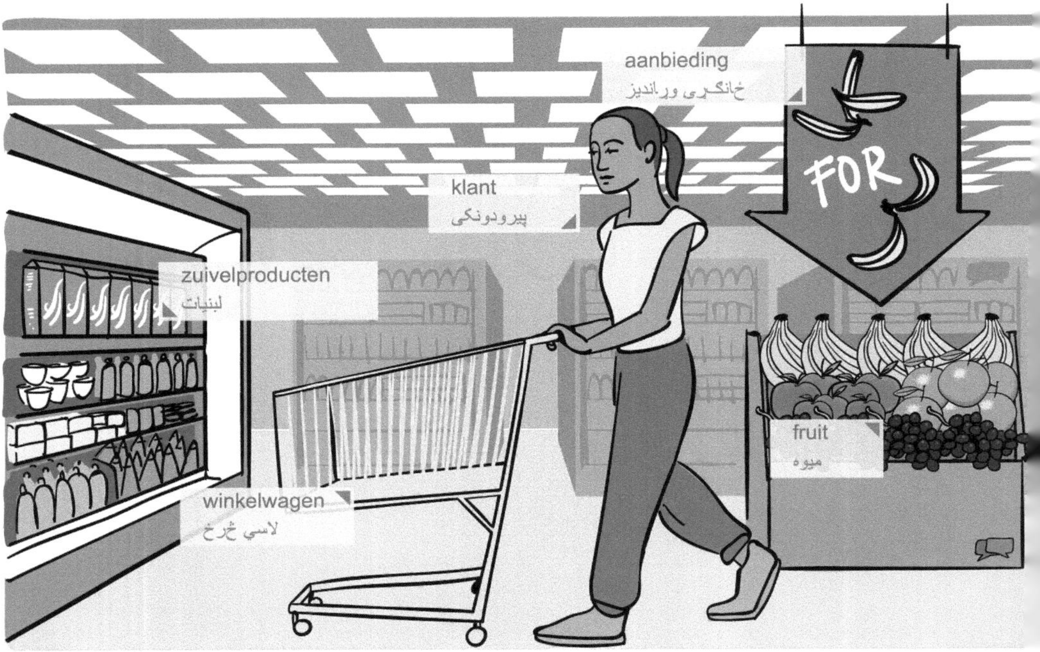

slagerij

قصابي

bakkerij

نانوايي

wegen

وزن کول

groenten

سبزیجات

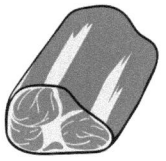

vlees

غوښه

diepvriesvoedsel

کنګل خواړه

charcuterie

....

يخه غوښه

conserven

....

كنسروا خواړه

waspoeder

....

د مينځلو پوډر

snoep

....

شيريني

huishoudproducten

....

كورني توليدات

schoonmaakproducten

....

د پاكولو محصولات

verkoopster

....

د پلور فرد

kassa

....

د نغدي راجستر

kassier

....

صراف

boodschappenlijstje

....

د پيرود ليست

openingstijden

....

كاري ساعتونه

portefeuille

....

بټوه

kredietkaart

....

كريډيټ كارت

tas

....

كڅوړه

plastieken zakje

....

پلاستيک كڅوړه

drankjes
څښاک

water
اوبه

sap
جوس

melk
شیده

cola
کوک

wijn
واین

bier
بیر

alcohol
الکول

cacao
ککاو

thee
چای

koffie
کافي

espresso
اسپرسو

cappuccino
کپچینو

banana

کیله

appel

مڼه

sinaasappel

نارنج

meloen

هندوانه

citroen

لیمو

wortel

گازره

knoflook

هوږه

bamboe

بانکس

ajuin

پیاز

champignon

مرخیړي

noten

چغزی

noodles

آش

spaghetti

....

سپیګټي

rijst

....

وريجي

salade

....

سلاد

frieten

....

چپس

gebakken aardappelen

....

سره کړي کچالو

pizza

....

پيزا

hamburger

....

همبرګر

sandwich

....

ساندويچ

kalfslapje

....

کټره

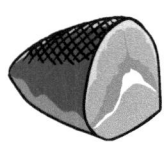

ham

....

د پټون غوښه

salami

....

سلمي

worst

....

ساسچ

kip

....

چرګ

braden

....

روست

vis

....

کب

havervlokken

د وربشي شيرني

muesli

موسلي

cornflakes

د جوار پلی

bloem

اوړه

croissant

کروسانت

pistolet

د ډوډی رول

brood

ډوډی

toast

ټوسټ

koekjes

بسکيټ

boter

کوچ

kwark

چکه

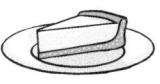

taart

کیک

ei

هګی

spiegelei

پښي هګی

kaas

پنير

ijs

آیس کریم

suiker

بوره

honing

شهد

confituur

مربا

choco

نوګات کریم

curry

کورکمان

boerderij
د کروندي خونه

strobaal
د بوسو ګیډی

schuur
غوجل

veld
خمکه

paard
اس

aanhangwagen
لاس ګاډی

veulen
کوچنی اس

tractor
ټریکټر

ezel
خر

schaap
پسه

lam
ورۍ

geit
وزه

koe
غوا

kalf
خوسکی

varken
خوګ

biggetje
د خوګ بچی

stier
غوبی

gans

بته

eend

هیلی

kuiken

چرګوړی

kip

چرګه

haan

بانګي

rat

سارای موږک

kat

پیشک

muis

موږک

os

غویی

hond

سپی

hondenhok

د سپي خونه

tuinslang

د باغ هوز

gieter

د اوبو لوخی

zeis

لور (داس)

ploeg

یوی

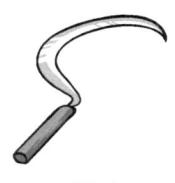

sikkel

....

لور

schoffel

....

رمبی

hooivork

....

ښاخی

bijl

....

تبر

kruiwagen

....

کراچی

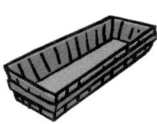

trog

....

ناوه

melkkan

....

د شیدو لوخی

zak

....

جوال

hek

....

کټاره

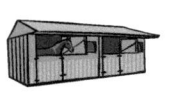

stal

....

مضبوط

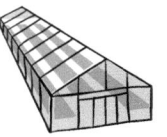

broeikas

....

شنه خونه

bodem

....

خاوره

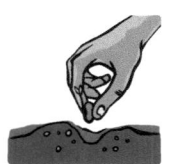

zaad

....

تخم

mest

....

سره/کود

maaidorser

....

گډ ریبونکی ماشین

oogsten

زيرمه كول

oogst

درمند

yam

خواږه كچالو

tarwe

غنم

soja

سويا

aardappel

كچالو

maïs

جوار

koolzaad

نباتي تخم

fruitboom

د ميوى ونه

maniok

مانيوک

graan

غله

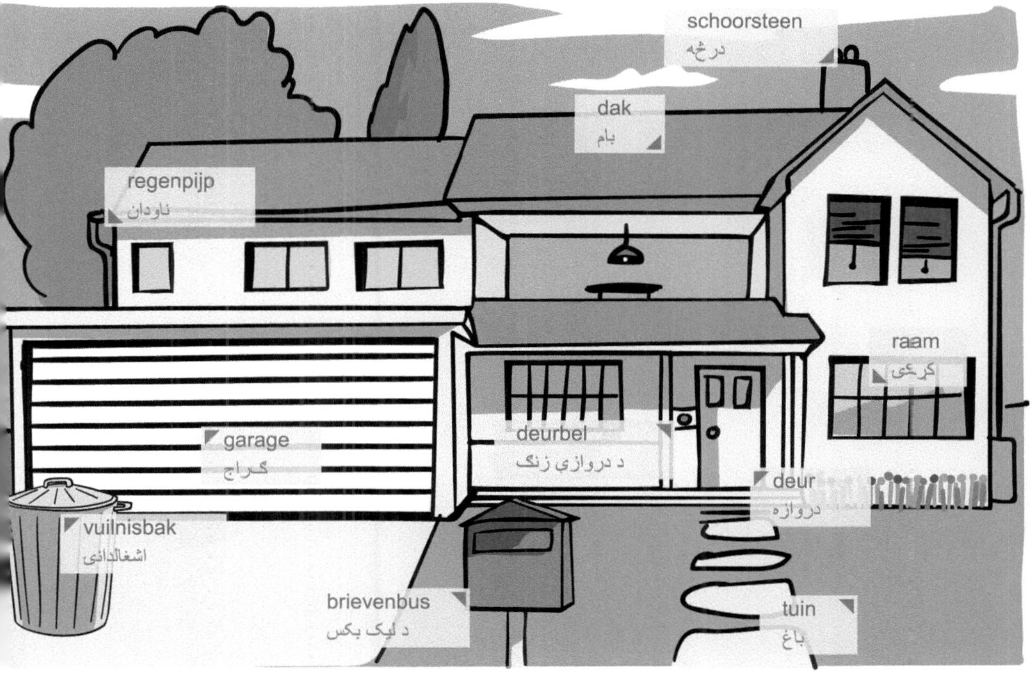

schoorsteen
درغه

dak
بام

regenpijp
ناودان

raam
کرکۍ

garage
گراج

deurbel
د دروازي زنگ

deur
دروازه

vuilnisbak
اشغالدانۍ

brievenbus
د لیک بکس

tuin
باغ

woonkamer

د اوسیدو خونه

badkamer

حمام

keuken

پخلنځی

slaapkamer

د ویده کیدو خونه

kinderkamer

د ماشوم خونه

eetkamer

د خوارو خونه

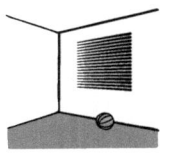

vloer
....
فرش

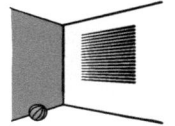

muur
....
دیوال

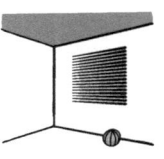

plafond
....
چت

kelder
....
زیرخانه

sauna
....
سونا

balkon
....
بالکوني

terras
....
تراس

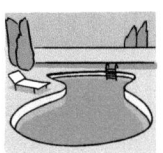

zwembad
....
حوض

grasmaaier
....
د چمن وهلو ماشین

dekbedovertrek
....
شیټ

dekbed
....
روجایی

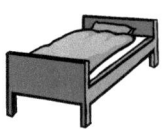

bed
....
تخت

bezem
....
جارو

emmer
....
بوکه

schakelaar
....
سویچ

woonkamer

د اوسيدو خونه

behangpapier
foto
عکس
lamp
لامپ
schap
kast
الماری
televisie
تلويزيون
open haard
نغری
bloem
گل
kussen
بالښت
sofa
صوفه
vaas
گلدانی
afstandsbediening
ريموټ کنټرول

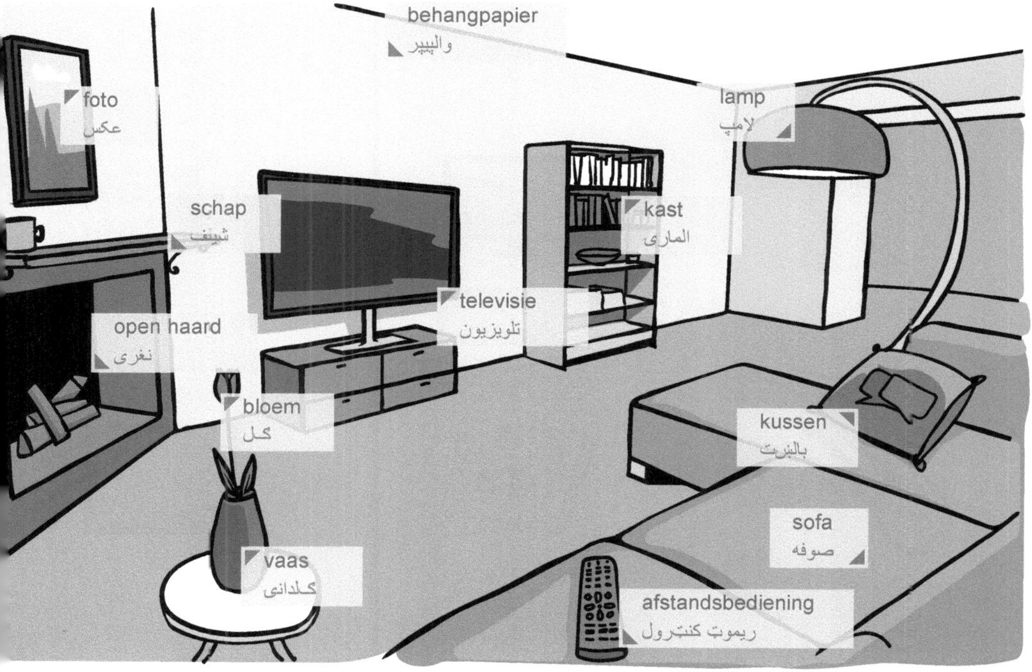

mat

غالی

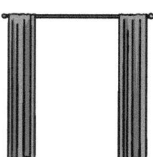

gordijn

پرده

tafel

ميز

stoel

چوکی

schommelstoel

ټاويدونکي چوکی

fauteuil

بازو لرونکی چوکی

boek

کتاب

deken

کمپل

decoratie

ډیکوریشن

brandhout

د اور لرګي

film

فلم

stereo-installatie

هايفاى

sleutel

کلي

krant

ورځپاڼه

schilderij

نقاشي

poster

پوسټر

radio

راډيو

notitieboekje

کتابچه

stofzuiger

واکيوم جارو

cactus

کاکتوس

kaars

شمع

keuken
پخلنځی

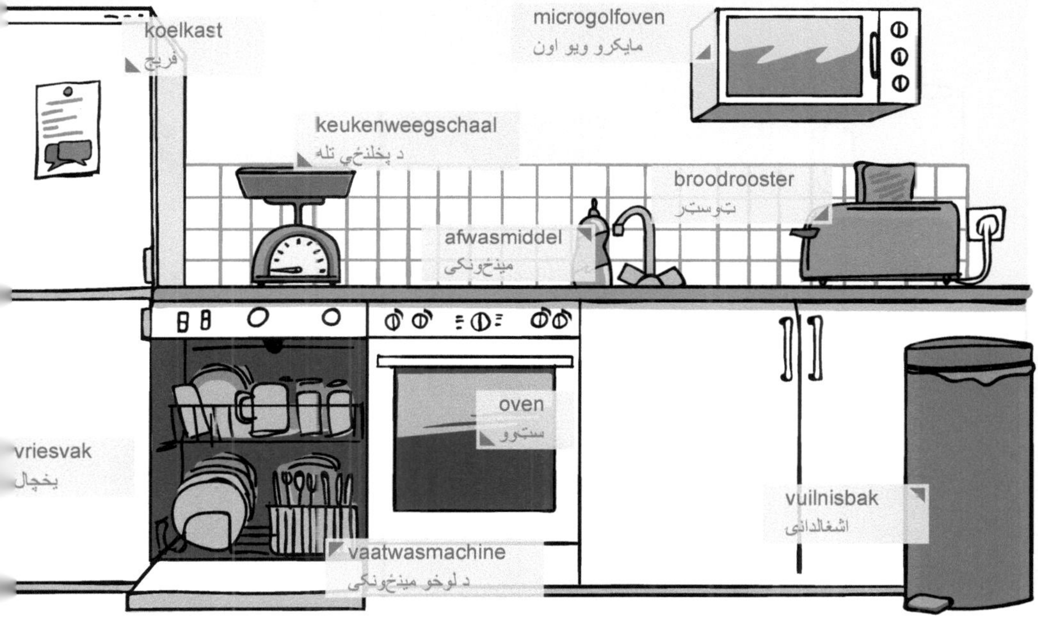

koelkast
فریج
microgolfoven
مایکرو ویو اون
keukenweegschaal
د پخلنځي تله
broodrooster
ټوسټر
afwasmiddel
مینځونکی
oven
سټوو
vriesvak
یخچال
vuilnisbak
اشغالدانی
vaatwasmachine
د لوخو مینځونکی

fornuis

دیک بخار

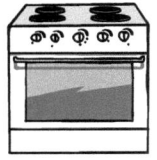

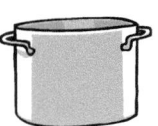

pot

لوخی

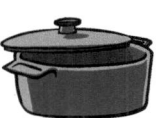

gietijzeren pot

چدني لوخی

wok / kadai

ووک

pan

د تلي په

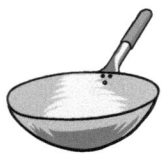

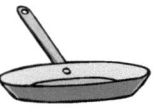

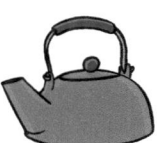

waterkoker

چای جوش

stoomkoker

....

د بخار دیګ

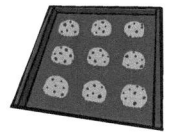

bakplaat

....

پتنوس

servies

....

لوخي

mok

....

مګ

kom

....

کاسه

eetstokjes

....

د رانيولو اوزار

pollepel

....

څمڅۍ

spatel

....

کفګیر

garde

....

پاکونکی

vergiet

....

صافي

zeef

....

غلبیل

rasp

....

ګریټر

mortier

....

اونګ

barbecue

....

بار بي کيو

haardvuur

....

خلاص اور

snijplank

....

تخته

deegrol

....

هوارونکی

kurkentrekker

....

کارک سکریو

blik

....

ټیم

blikopener

....

د ټیم خلاصونکی

pannenlap

....

د لوخي ټوټه

gootsteen

....

ظرف شوی

borstel

....

برس

spons

....

سپنج

blender

....

بلیندر

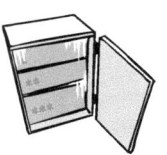

vriezer

....

ژور یخچال

papfles

....

د ماشوم بوتل

kraan

....

نل

badkamer

حمام

verwarming
تودول
douche
شاور
handdoek
جان پاک
douchegordijn
د شاور پرده
bubbelbad
ببل حمام
badkuip
د حمام ټب
glas
wasmachine
د مينځلو مشين
kraan
نل
tegels
ټايلونه
kinderpo
يو دول کمود
gootsteen
ظرف شوى

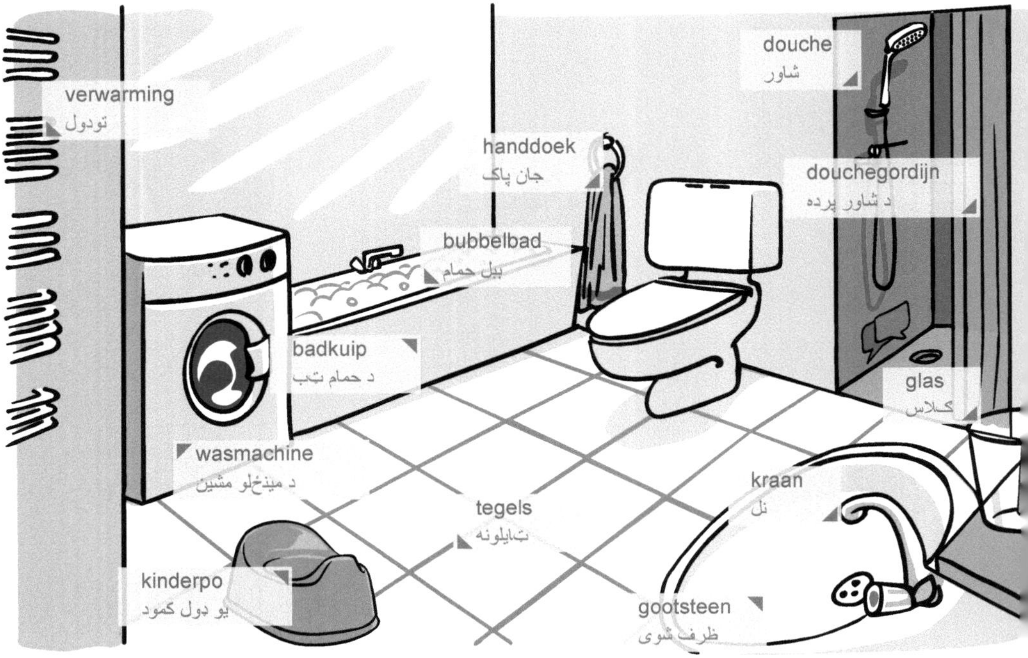

toilet

تشناب

hurktoilet

فرشي كمود

bidet

كمود

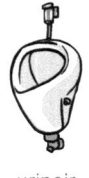

urinoir

د متيازو خاى

toiletpapier

تشناب كاغذ

toiletborstel

د تشناب برس

tandenborstel

د غاښونو برس

tandpasta

د غاښونو کریم

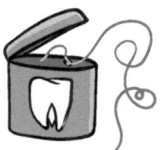

flosdraad

د غاښونو نخ

wassen

مینځل

handdouche

لاسي شاور

bidethanddouche

دوش

waskom

خانک

rugborstel

د شا برس

zeep

صابون

douchegel

د شاور ژل

shampoo

شامپو

washandje

فلانل جامه

afvoer

وچول

crème

کریم

deodorant

سپری

spiegel

آینه

handspiegel

لاسي آینه

scheermes

ریزر

scheerschuim

د خریلو فوم

aftershave

د خریلو وروسته

kam

گمنځ

borstel

برس

haardroger

د ویښتانو وچونکی

haarlak

د ویښتانو سپری

make-up

میک اپ

lippenstift

لیپ سټیک

nagellak

د نوکانو پالش

watten

کاټن وری

nagelknipper

ناخن گیر

parfum

عطر

toilettas
....
د مینځلو کڅوړه

kruk
....
ستول

weegschaal
....
د وزن کولو تله

badjas
....
د حمام پوښاک

latex handschoenen
....
د ربړ دستکش

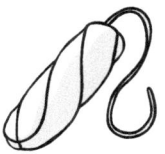

tampon
....
ټامپون

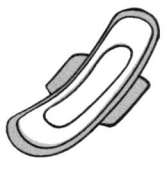

maandverband
....
صحیی جان پاک

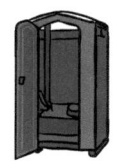

chemisch toilet
....
کیمیکل تشناب

kinderkamer

د ماشوم خونه

wekker
د الارم ساعت
knuffel
د لوبو وسایل
speelgoedauto
د نانځکي موټر
rammelaar
ریتل
poppenhuis
د نانځکو خونه
geschenk
ډالۍ

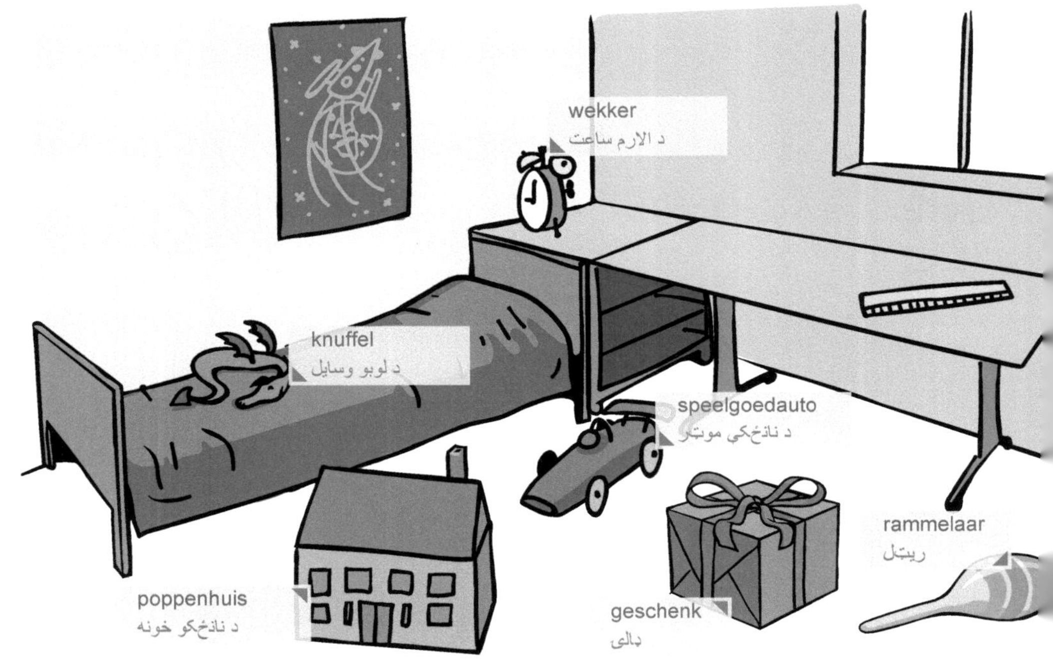

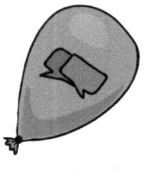

ballon

بالون

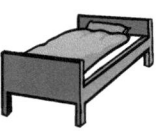

bed

تخت

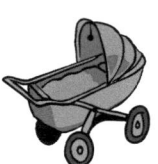

kinderwagen

کالسکه

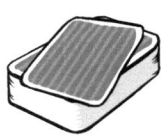

spel kaarten

د لوبو ورقې

puzzel

جیکسا

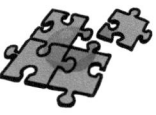

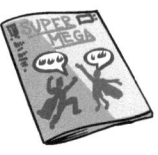

stripboek

مسخره

legoblokjes

ليګو بريک

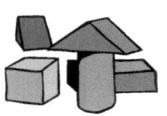

blokken

د ناڅکو بلاک

actiefiguur

د اکشن فيګور

kruippakje

د ماشوم پوښاک

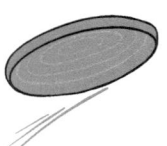

frisbee

فريزبي

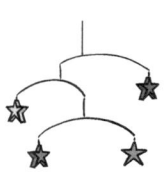

mobiel

موبايل

bordspel

بورډ لوبه

dobbelsteen

تاس

modelspoorweg

ماډل ريل سيټ

fopspeen

ګونګشی

feest

پارټي

prentenboek

د عکسونو البوم

bal

بال

pop

ناڅکه

spelen

لوبيدل

zandbak

....

د شګو کنده

schommel

....

سوینګ

speelgoed

....

ناڅکي

spelconsole

....

د ویډیو لوبو کنسول

driewieler

....

ټرای سایکل

knuffelbeer

....

ګوډکه

kleerkast

....

د کالو الماری

kleding

پوښاک

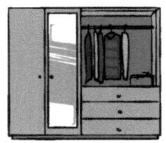

sokken

....

جرابي

kousen

....

لوړي جرابي

maillot

....

ټایټس

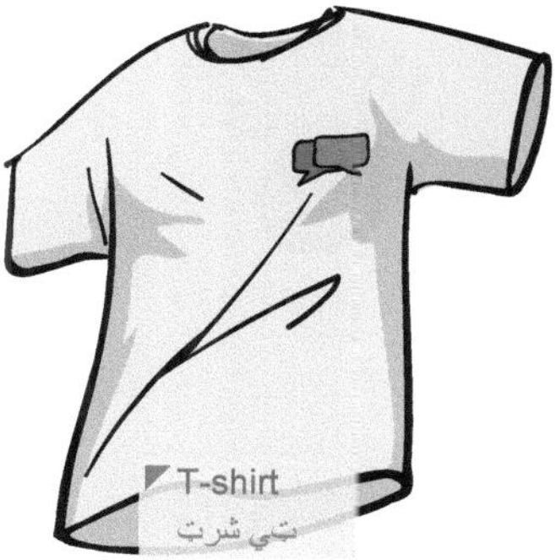

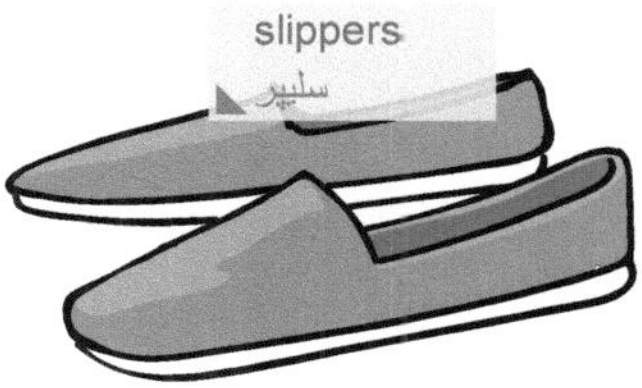

sjaal
زروکی

paraplu

T-shirt

riem
کمربند

laarzen

sneakers
سنیکر

slippers

sandalen
....
سینډل

schoenen
....
بوټان

rubberlaarzen
....
د ربړ بوټان

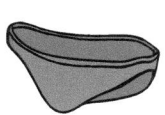

onderbroek
....
زيرنيکري

beha
....
سینه بند

onderhemd
....
واسکټ

lichaam

بادي

broek

پتلون

jeans

جينز

rok

لمن

blouse

بلاوز

hemd

شرټ

trui

بنيان

capuchontrui

سويټر

blazer

بليزر

jas

جاکټ

jas

کوټ

regenjas

د باران کوټ

kostuum

پوښاک

jurk

کالي

trouwjurk

د واده پوښاک

pak

....

دریشي

nachthemd

....

د شپې پوښاک

pyjama

....

پاجامه

sari

....

ساړي

hoofddoek

....

لوپټه

tulband

....

پټکی

boerka

....

برقه

kaftan

....

کفتن

abaya

....

عبا

badpak

....

د لامبو پوښاک

zwembroek

....

نیکر

short

....

شارټ

trainingspak

....

د ځغاستې پوښاک

schort

....

پیش بند

handschoenen

....

دستکش

knoop

بټن

bril

عینک

armband

لاس بند

ketting

غاړه کی

ring

گوتمه

oorbel

غوږوالی

pet

خولی

kapstok

کوټ بند

hoed

خولی

das

ټایی

rits

ځنځیر

helm

هیلمیټ

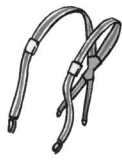

bretellen

تړونکی

schooluniform

د ښوونځي یونیفارم

uniform

یونیفارم

slabbetje

بیب

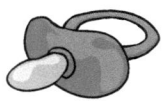

fopspeen

ګونګشی

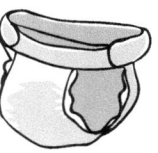

luier

نیپي

kantoor

دفتر

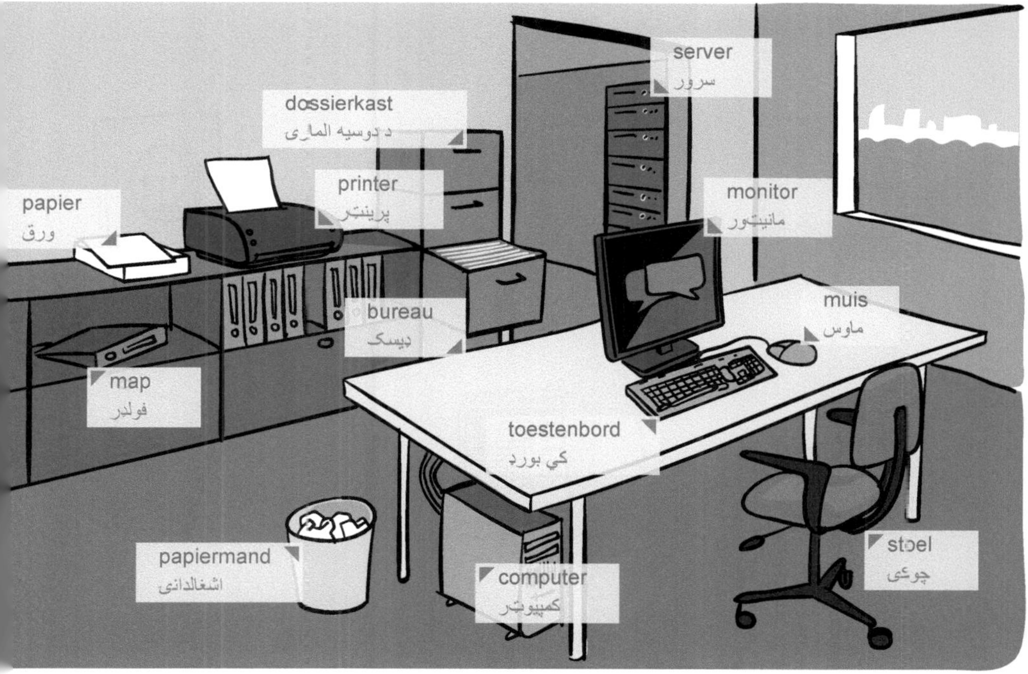

koffiemok

د کافي پیاله

rekenmachine

کالکولیټر

internet

انټرنیټ

laptop

....

لپ ټاپ

brief

....

لیک

bericht

....

پیغام

gsm

....

موبایل

netwerk

....

نیټورک

kopieerapparaat

....

فوټوکاپیر

software

....

سافټویر

telefoon

....

تلیفون

stopcontact

....

پلک ساکټ

fax

....

فکس مشین

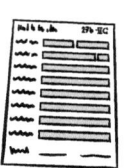

formulier

....

فارم

document

....

سند

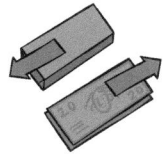

kopen

پیرل

betalen

تادیه کول

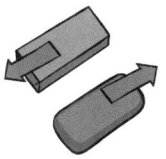

handelen

سوداګري کول

geld

پیسې

dollar

ډالر

euro

یورو

yen

ین

roebel

ربل

Zwitserse frank

سویسي فرانک

Chinese renminbi

رینمینبي یوان

roepie

روپۍ

geldautomaat

د نغدي پیسو ځای

wisselkantoor
....
د اسعارو د تبادلې دفتر

goud
....
سره زر

zilver
....
سپین زر

olie
....
تیل

energie
....
انرژي

prijs
....
نرخ

contract
....
قرارداد

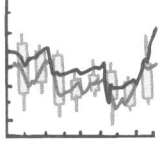

belasting
....
مالیه

aandeel
....
اسهام

werken
....
کار کول

werknemer
....
کارمند

werkgever
....
کار گوماروونکی

fabriek
....
فابریکه

winkel
....
پلورنځی

beroepen
مسلکونه

brandweerman
د اطفایه غړی
politieagent
د پولیسو افسر
kok
آشپز
dokter
ډاکټر
piloot

tuinman

باغوان

timmerman

نجار

naaister

خیاط

rechter

قاضي

chemicus

کیمیا پوه

acteur

د فلم لوبغاړی

buschauffeur

....

د بس ډرايور

taxichauffeur

....

د ټيکسي ډرايور

visser

....

کب نيونکی

schoonmaakster

....

خدمه

dakdekker

....

بام جوړونکی

ober

....

پيشخدمت

jager

....

ښکاري

schilder

....

نقاش

bakker

....

نانوا

elektricien

....

د برښنا کارکونکی

bouwvakker

....

تعمير جوړونکی

ingenieur

....

انجنير

slager

....

قصاب

loodgieter

....

نلدوان

postbode

....

پوست رسونکی

soldaat
....
سرتيری

architect
....
مهندس

kassier
....
صراف

bloemist
....
ماليار

kapper
....
نايی

conducteur
....
کلينډر

mecanicien
....
ميکانيک

kapitein
....
کپتان

tandarts
....
د غاښونو ډاکټر

wetenschapper
....
ساينس پوه

rabbijn
....
ښاغلی

imam
....
امام

monnik
....
مذهبي نفر

geestelijke
....
پادري

werktuigen

لوازم

hamer
tang
پلاس
schroevendraaier
پیچکش
schroefsleutel
رینچ
zaklamp

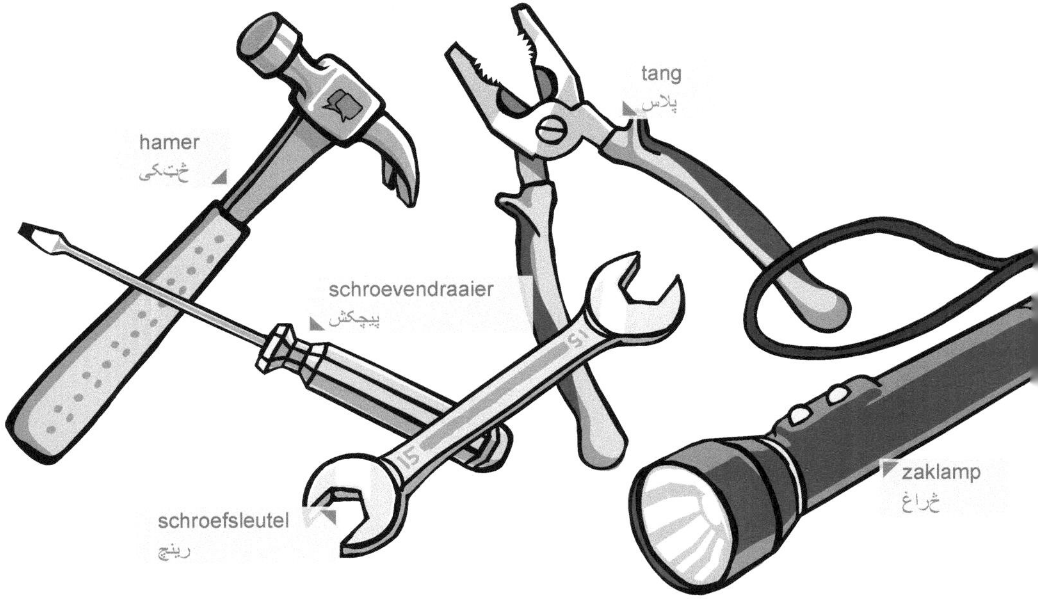

graafmachine

....

کنستونکی

gereedschapskoffer

....

د لوازمو بکس

ladder

....

زینه

zaag

....

اره

spijkers

....

میخونه

boormachine

....

برمه

repareren

ترمیم کول

schop

بیل

Verdomme!

لعنت!

blik

خاک انداز

verfpot

مشوانۍ

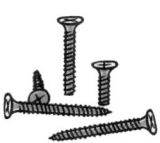

schroeven

پیچونه

muziekinstrumenten

د میوزیک آلات

luidspreker

لاوډ سپیکر

drumstel

ډرم سیټ

contrabas

کنټرباس

trompet

ټرومپیټ

gitaar

ګیتار

piano
....
پیانو

viool
....
وایلن

basgitaar
....
باس

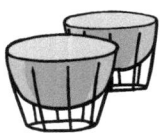

pauk
....
نغاره

trommels
....
ډرمونه

keyboard
....
کي بورډ

saxofoon
....
سیکسافون

fluit
....
شپیلی

microfoon
....
مایکروفون

ZOO

ژوبڼ

tijger
ingang
ننوتو لاره
kooi
پنجره
zebra
ګوره خر
diereneten
د ژويو خواره
panda
پاندا

dieren

ژوی

olifant

هاتي

kangoeroe

کنګرو

neushoorn

د اوبو اسپ

gorilla

ګوریلا

beer

ایږه

kameel

اوښ

struisvogel

شترمرغ

leeuw

زمرى

aap

بيزو

flamingo

غزى

papegaai

طوطي

ijsbeer

قطبي ايږه

pinguïn

پينګوين

haai

شارک

pauw

طاوس

slang

مار

krokodil

تمساح

dierenverzorger

ژوبڼ ساتونکى

zeehond

سيل

jaguar

جګوار

pony

....

يابو

luipaard

....

پړانګ

nijlpaard

....

هيپو

giraffe

....

زرافه

adelaar

....

باز

wild zwijn

....

نرخوګ

vis

....

کب

zeeschildpad

....

شمشتی

walrus

....

سمندري نولی

vos

....

ګيدړه

gazelle

....

هوسۍ

sporten
ورزش

rugby
امریکایی فټبال
wielrennen
سایکل ځغلول
tennis
ټینیس
basketbal
باسکیټبال
zwemmen
لامبو
boksen
باکسینګ
ijshockey
د کنګل هاکي

voetbal
فټبال

badminton
کسیزه

atletiek
د ځغاستي لوبي

handbal
د هندبال

skiën
سکي

polo
پولو

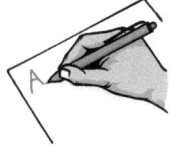

lachen
خندل
springen
ټوپ وهل
knuffelen
غاړه ورکول
wandelen
ګرځیدل
zingen
سندري ویل
dromen
خوب لیدل
bidden
عبادت کول
kussen

schrijven

لیکل

tekenen

کښل

tonen

ښودل

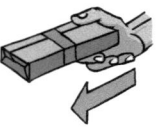

duwen

ټیله کول

geven

ورکول

nemen

اخیستل

hebben

درلودل

doen

کول

zijn

پاییدل

staan

ودریدل

lopen

منډې وهل

trekken

راکښل

gooien

ګوزارل

vallen

لویدل

liggen

څملاستل

wachten

انتظار کول

dragen

وړل

zitten

کښیناستل

aankleden

پوښاک اغوستل

slapen

ویده کیدل

ontwaken

پاڅیدل

kijken naar

کتل

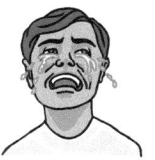

wenen

ژړل

aaien

بریدکول

kammen

ګمنځ کول

praten

خبری کول

begrijpen

پوهیدل

vragen

غوښتل

luisteren

اوریدل

drinken

څښل

eten

خوړل

opruimen

پاکول

houden van

مینه کول

koken

پخلی کول

rijden

موټر چلول

vliegen

الوتل

zeilen

بیړۍ چلول

rekenen

حساب

Lezen

لوستل

leren

زده کول

werken

کار کول

trouwen

واده کول

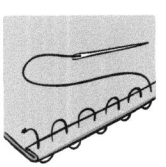

naaien

گنډل

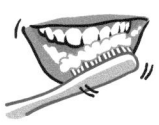

tandenpoetsen

د غاښونو برس کول

doden

وژل

roken

سګرټ څښل

sturen

لیږل

familie

کورنۍ

rootmoeder
grootvader
نیکه
vader
پلار
moeder
مور
baby
ماشوم
dochter
لور
zoon
زوی

gast

میلمه

tante

ترور

oom

کاکا/ماما

broer

ورور

zus

خور

lichaam

بدن

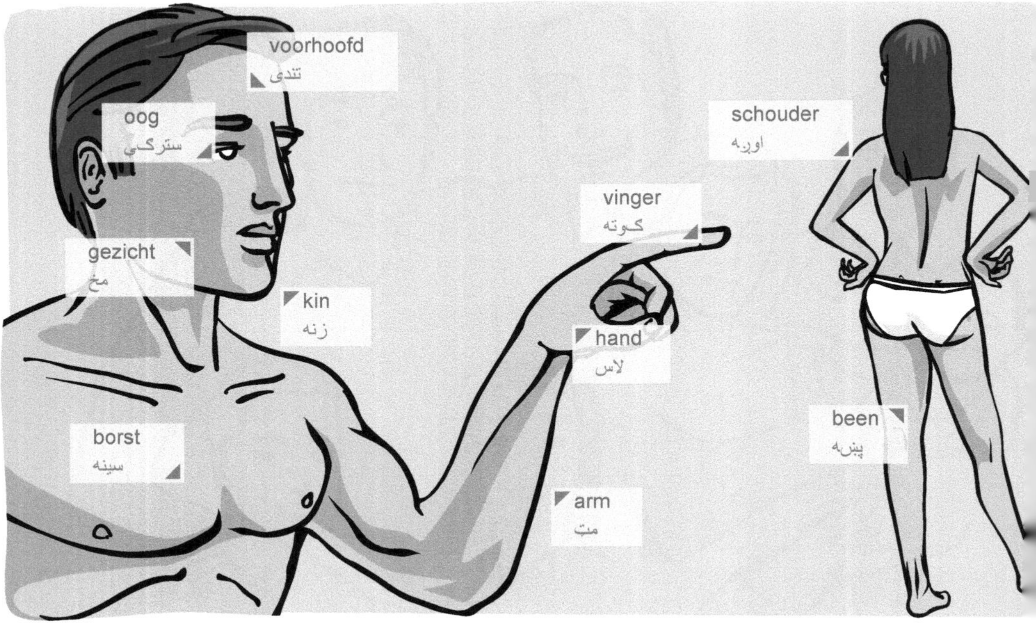

voorhoofd تندی

oog سترکی

schouder اوږه

vinger ګوته

gezicht مخ

kin زنه

hand لاس

borst سینه

been پښه

arm مت

baby ماشوم

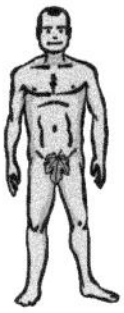

man سړی

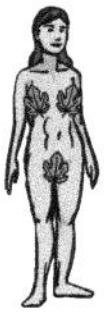

vrouw ښځه

meisje انجلی

jongen هلک

hoofd سر

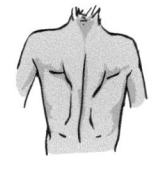

rug

شا

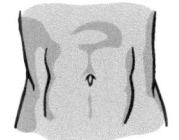

buik

خېټه

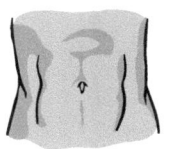

navel

نوم

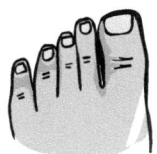

teen

د پښې ګوته

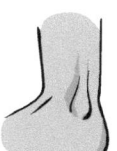

hiel

پونده

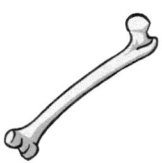

bot

هډوکی

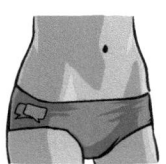

heup

کوناټی

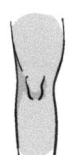

knie

زنګون

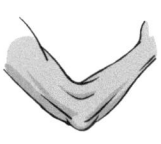

elleboog

څنګل

neus

پوزه

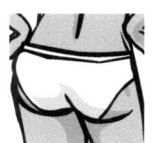

zitvlak

لاندې برخه

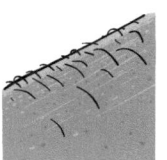

huid

پوټکی

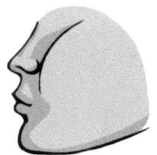

wang

غومبوری

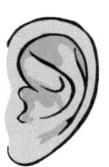

oor

غوږ

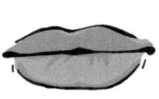

lip

شونډه

mond

خوله

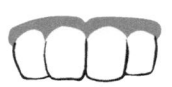

tand

غاښ

tong

ژبه

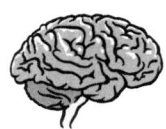

hersenen

مغز

hart

زړه

spier

عضله

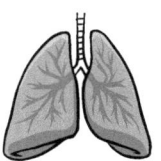

long

سږی

lever

ځیګر

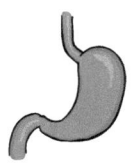

maag

معده

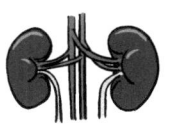

nieren

پښتورګي

seks

جنسي نږدې والی

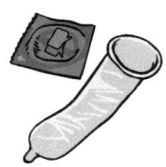

condoom

کانډوم

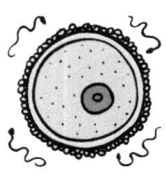

eicel

تخمه

sperma

مني

zwangerschap

حمل

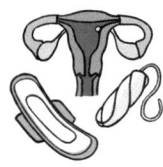

menstruatie

حیض

vagina

مهبل

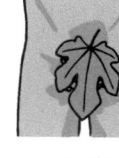

penis

د نارینه تناسلي آله

wenkbrauw

وروځی

haar

ویښته

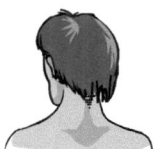

nek

غاړه

ziekenhuis
روغتون

ziekenhuis
روغتون
ambulance
امبولانس
rolstoel
ویل چیر
breuk
کسر

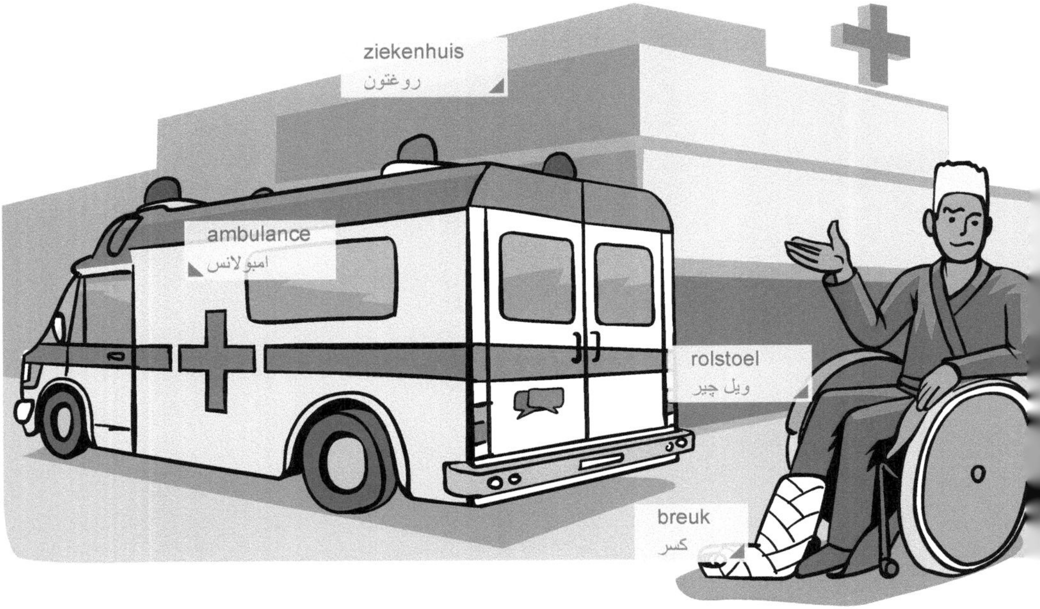

dokter

ډاکټر

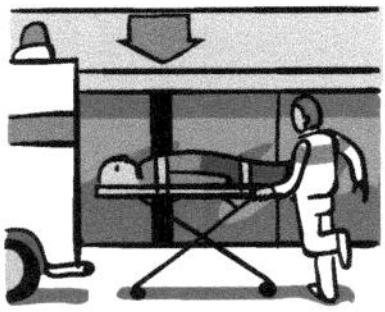

spoed

عاجل خونه

verpleegkundige

رنځورپال

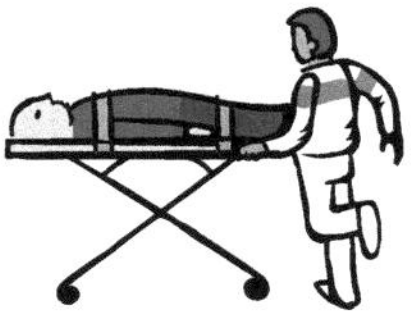

noodgeval

عاجل

bewusteloos

بې هوش

pijn

درد

72 ziekenhuis - روغتون

verwonding

ټپ

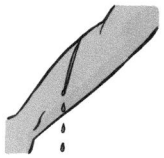

bloeding

وينه تويدل

hartaanval

د زړه حمله

beroerte

ضرب

allergie

حساسيت

hoest

ټوخى

koorts

تبه

griep

انفلوينزا

diarree

نس ناستى

hoofdpijn

سر درد

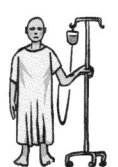

kanker

سرطان

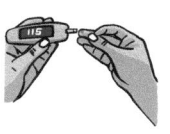

diabetes

شكر

chirurg

جراح

scalpel

سكالپل

operatie

عمليات

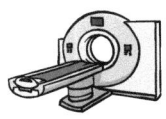

CT

سيټي

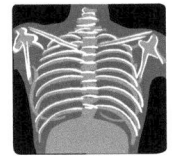

röntgenstraal

ایکس ری

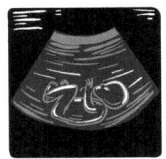

ultrageluid

الټراساونډ

gezichtsmasker

د مخ ماسک

ziekte

ناروغي

wachtkamer

انتظار خونه

kruk

امسا

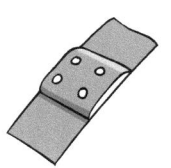

pleister

پلستر

verband

بنداژ

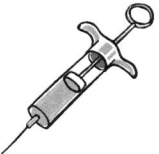

injectie

تزریق

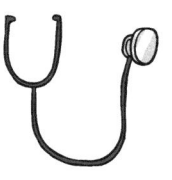

stethoscoop

ستاتسکوپ

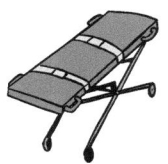

brancard

تسکیره

thermometer

کلینکي ترماميټر

geboorte

زیږون

overgewicht

زیات وزن

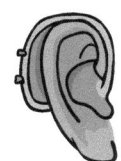

hoorapparaat

د اوریدو مرسته

ontsmettingsmiddel

د عفونیت څخه پاکونکي مواد

infectie

عفونیت

virus

ویروس

HIV / AIDS

ایچ.آی.وي/ایډز

medicijn

درمل

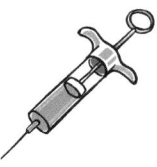

vaccinatie

واکسین

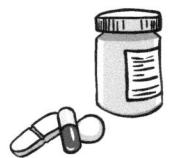

tabletten

ټابلیټس

pil

ګولۍ

noodoproep

عاجل تلیفون

bloeddrukmeter

د ویني د فشار څارونکی

ziek / gezond

ناروغ/روغ

noodgeval
عاجل

Help!

مرسته!

alarm

الارم

overval

یرغل

aanval

برید

gevaar

خطر

nooduitgang

عاجل لاره

Brand!

اور!

brandblusser

د اور وژونکی

ongeval

پېښه

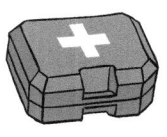

EHBO-kit

د لومړی مرستي لوازم

SOS

ایس.او.ایس

politie

پولیس

Europa
....
اروپا

Noord-Amerika
....
شمالي امریکا

Zuid-Amerika
....
سهیلي امریکا

Afrika
....
افریقا

Azië
....
آسیا

Australië
....
آسټریلیا

Atlantische Oceaan
....
اتلانتیک

Stille Oceaan
....
پاسیفیک

Indische Oceaan
....
د هند بحر

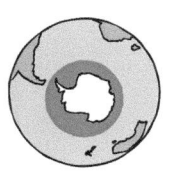

Antarctische Oceaan
....
جنوبي منجمد بحر

Arctische Oceaan
....
د شمال قطب بحر

Noordpool
....
شمالي قطب

Zuidpool

سهيلي قطب

Antarctica

انټارکټيکا

aarde

ځمکه

land

ځمکه

zee

بحر

eiland

ټاپو

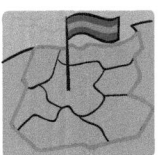

natie

ملت

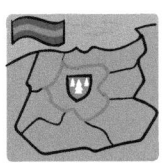

staat

دولت

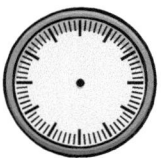

klok

ساعت

wijzerplaat

د مخي ساعت

uurwijzer

د ساعت ستنه

minuutwijzer

د دقيقي ستنه

secondewijzer

د ثانيی ستنه

Hoe laat is het?

څه وخت دی؟

dag

ورځ

tijd

وخت

nu

اوس

digitale horloge

ډيجيټل ساعت

minuut

دقيقه

uur

ساعت

week

اونۍ

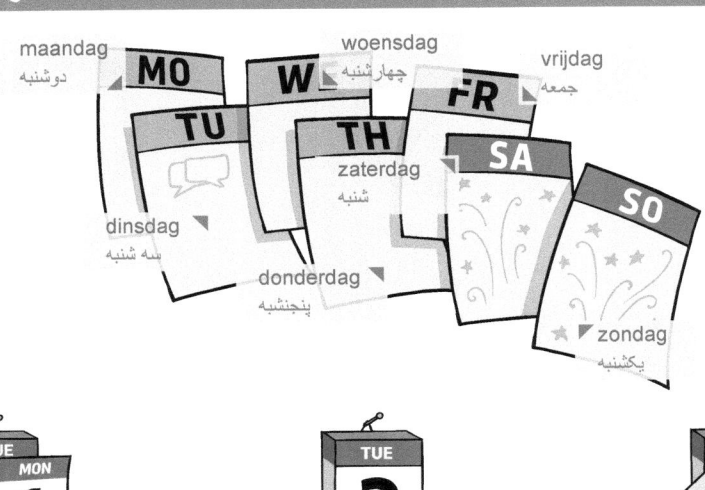

maandag
دوشنبه

woensdag
چهارشنبه

vrijdag
جمعه

dinsdag
سه شنبه

zaterdag
شنبه

donderdag
پنجشنبه

zondag
يكشنبه

gisteren

پرون

vandaag

نن

morgen

سبا

ochtend

سهار

middag

غرمه

avond

ماښام

MO	TU	WE	TH	FR	SA	SU
1	2	3	4	5	6	7
8	9	10	11	12	13	14
15	16	17	18	19	20	21
22	23	24	25	26	27	28
29	30	31	1	2	3	4

werkdagen

كاري ورځي

MO	TU	WE	TH	FR	SA	SU
1	2	3	4	5	6	7
8	9	10	11	12	13	14
15	16	17	18	19	20	21
22	23	24	25	26	27	28
29	30	31	1	2	3	4

weekend

د اونۍ پای

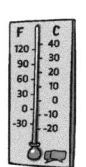

jaar
کال

regen
باران
regenboog
رنګين کمان
wind
باد
sneeuw
واوره
lente
پسرلی
herfst
منى
zomer
اوړی
winter
ژمی

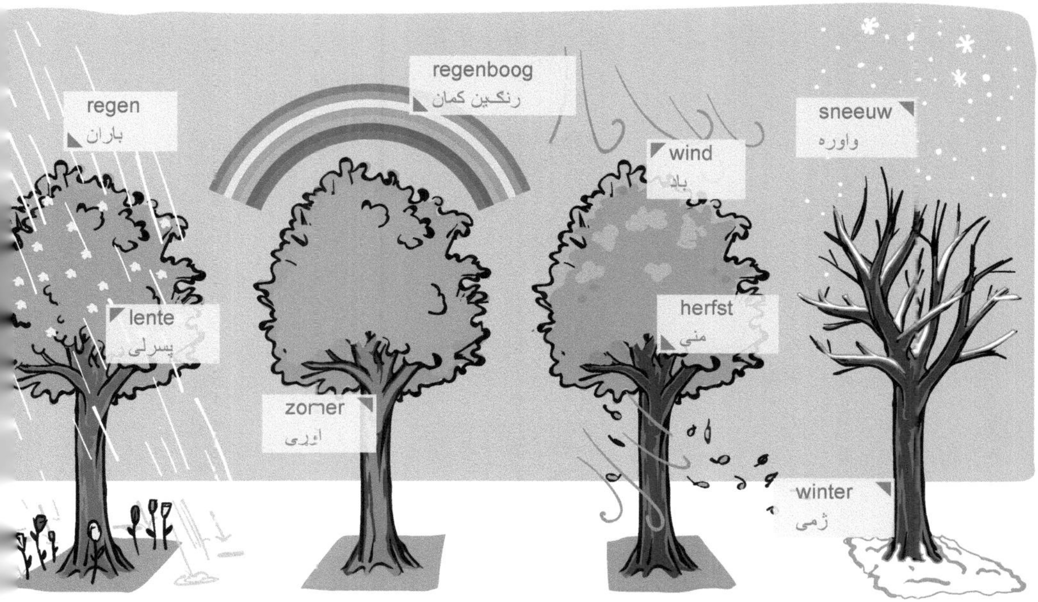

weervoorspelling

د موسم وړاندوینه

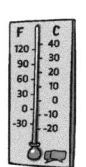

thermometer

ترموميټر

zonneschijn

د لمر وړانګې

wolk

وريځ

mist

لړه

vochtigheid

رطوبت

bliksem

رڼا

donder

تندر

storm

توفان

hagel

ږلی وریدل

moesson

مون سون باران

overstroming

سیلاب

ijs

یخ

januari

جنوري

februari

فبروري

maart

مارچ

april

اپرېل

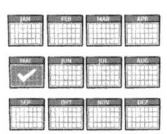

mei

مى

juni

جون

juli

جولای

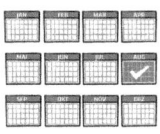

augustus

اگست

september

سپتمبر

oktober

اکتوبر

november

نومبر

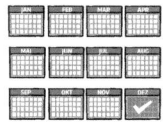

december

دسمبر

vormen
شکلونه

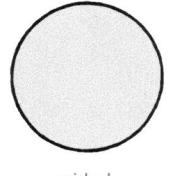

cirkel

دايره

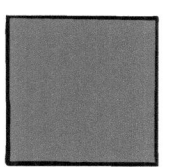

kwadraat

مربع

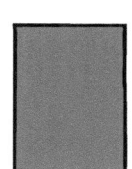

rechthoek

مستطيل

driehoek

مثلث

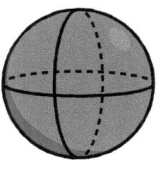

bol

توپ

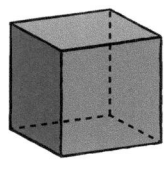

kubus

فال

kleuren

رنګونه

wit

سپین

geel

ژیړ

oranje

نارنجي

roze

ګلابي

rood

سور

paars

ارغواني

blauw

نیلي

groen

شین

bruin

نسواري

grijs

خړ

zwart

تور

tegengestelden

متضاد

veel / weinig

....

خورا ډیر/خورا لږ

boos / kalm

....

قار/ارام

mooi / lelijk

....

ښکلی/بدشکله

begin / einde

....

پیل/پای

groot / klein

....

لوی/کوچنی

licht / donker

....

روښانه/تیاره

broer / zus

....

ورور/خور

proper / vuil

....

پاک/ککړ

volledig / onvolledig

....

مکمل/نامکمل

dag / nacht

....

ورځ/شپه

dood / levend

....

مړ/ژوندی

breed / smal

....

پراخه/نری

eetbaar / oneetbaar

د خوراک وړ/نه خوړل کیدونکی

kwaadaardig / vriendelijk

بد/مهربان

opgewonden / verveeld

پاریدلی/بي خونده

dik / dun

چاق/وچ

eerst / laatst

لومړی/وروستی

vriend / vijand

ملګری/دښمن

vol / leeg

ډک/تش

hard / zacht

سخت/نرم

zwaar / licht

دروند/سپک

honger / dorst

لوږه/تنده

ziek / gezond

ناروغ/روغ

illegaal / legaal

غیرقانوني/قانوني

intelligent / dom

هوښیار/ساده

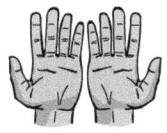

links / rechts

کیڼ/ښي

dichtbij / veraf

نږدې/لرې

nieuw / gebruikt

....

نوی/زوړ

niets / iets

....

هیڅ/یو څه

oud / jong

....

بډا/ځوان

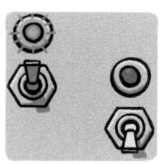

aan / uit

....

چالان/بند

open / dicht

....

خلاصه/تړلی

stil / luid

....

غلی/لوړ غږ

rijk / arm

....

بډایه/غریب

juist / fout

....

صحیح/غلط

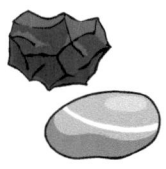

ruw / glad

....

زیږ/ملایم

droevig / blij

....

خفه/خوښ

kort / lang

....

لنډ/اوږد

traag / snel

....

سست/ګړندی

nat / droog

....

لوند/وچ

warm / koud

....

ګرم/یخ

oorlog / vrede

....

جګړه/سوله

cijfers
شميري

0
nul
صفر

1
één
يو

2
twee
دوه

3
drie
درى

4
vier
څلور

5
vijf
پنځه

6
zes
شپږ

7
zeven
اوه

8
acht
اته

9
negen
نهه

10
tien
لس

11
elf
يولس

12

twaalf

دولس

13

dertien

ديارلس

14

veertien

څوارلس

15

vijftien

پنځلس

16

zestien

شپاړس

17

zeventien

وولس

18

achtien

اتلس

19

negentien

نولس

20

twintig

شل

100

honderd

سل

1.000

duizend

زر

1.000.000

miljoen

میلیون

Talen

ژبې

Engels

انګلسي

Amerikaans Engels

امریکایی انګلسي

Chinees (Mandarijn)

چینایی مندرین

Hindi

هندي

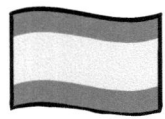

Spaans

هسپانوي

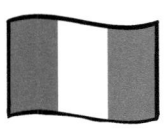

Frans

فرانسوي

Arabisch

عربي

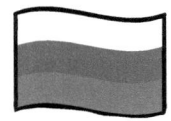

Russisch

روسي

Portugees

پرتګالي

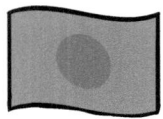

Bengali

بنګالي

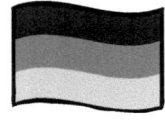

Duits

آلماني

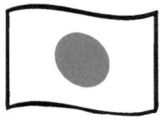

Japans

جاپاني

wie / wat / hoe

څوک/څه/څنګه

ik

زه

u

ته

hij / zij / het

هغه/دغه/دا

wij

موږ

u

تاسي

ze

دوي/هغوی

wie?

څوک؟

wat?

څه؟

hoe?

څنګه؟

waar?

چیري؟

wanneer?

کله؟

naam

نوم

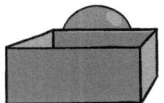

waar

چيري

achter

شاته

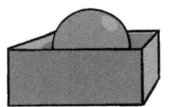

in

په

voor

په مخه کي

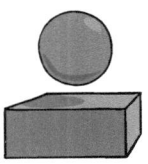

boven

باندي

op

په

onder

لاندی

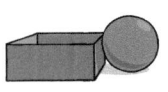

naast

برسيره پر

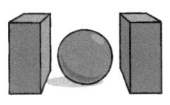

tussen

ترمينځ

plaats

ځای